8° F
14601

MINISTÈRE DES TRAVAUX PUBLICS

NAVIGATION INTÉRIEURE

CANAL DE LA MARNE AU RHIN

ET VOIES ANNEXES

RÈGLEMENTS

INSTRUCTIONS ET DOCUMENTS DIVERS

RELATIFS À LA POLICE DE LA NAVIGATION

NANCY

IMPRIMERIE BERGER-LEVRAULT ET Cie

18, rue des Glacis, 18

1903

8°F
14601

MINISTÈRE DES TRAVAUX PUBLICS

NAVIGATION INTÉRIEURE

CANAL DE LA MARNE AU RHIN

ET VOIES ANNEXES

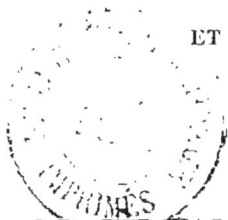

RÈGLEMENTS

INSTRUCTIONS ET DOCUMENTS DIVERS

RELATIFS A LA POLICE DE LA NAVIGATION

———— •|• ————

NANCY

IMPRIMERIE BERGER-LEVRAULT ET Cie

18, rue des Glacis, 18

———

1903

TABLE DES MATIÈRES

RÈGLEMENTS

INSTRUCTIONS ET DOCUMENTS DIVERS

19 janvier 1880.

LOI (Extrait)

. . . .

ART. 2. — Les patrons et mariniers seront..... tenus de déclarer aux agents commissionnés à cet effet la nature et le poids de leur chargement.

Ils devront en outre représenter, à toute réquisition, auxdits agents, leurs connaissements et lettres de voiture.

Un règlement d'administration publique[1] déterminera les conditions dans lesquelles les déclarations doivent être effectuées et vérifiées.

ART. 3. — Les contraventions aux dispositions du présent article et aux règlements relatifs à son application seront assimilées aux contraventions en matière de grande voirie et punies des mêmes peines.

. . . .

---

1. Voir ci-après un extrait du décret du 1er avril 1899, page 15.

29 mars 1884 (Marne et Meuse) et 2 avril 1884 (Meurthe-et-Moselle).

ARRÊTÉS PRÉFECTORAUX

Limitation de la durée des dépôts de marchandises sur les terre-pleins des ports publics.

Des arrêtés préfectoraux en date du 29 mars 1884 (Marne et Meuse) et 2 avril 1884 (Meurthe-et-Moselle), qui restent en vigueur conformément aux dispositions de l'article 42 du règlement général de police du 8 octobre 1901, limitent à *trente jours* la durée des dépôts de marchandises sur les terre-pleins publics.

Toutefois, il est fait exception à cette règle pour les bois et charbons de bois déposés dans les zones spécialement réservées sur les ports du département de la Marne, lesquelles sont à cet égard soumises au régime du décret du 21 août 1852.

20 novembre 1893 — 25 novembre 1895.

DÉCRET

PORTANT RÈGLEMENT POUR L'ÉCLAIRAGE DE NUIT DES BATEAUX
ET DES OBSTACLES A LA NAVIGATION

ARTICLE PREMIER. — Pendant la nuit, c'est-à-dire depuis le coucher du soleil jusqu'à son lever, les ba-

teaux et radeaux, ainsi que les obstacles à la navigation, seront éclairés conformément aux dispositions du
présent règlement sur les fleuves, rivières, canaux, lacs
et étangs d'eau douce.

Art. 2. — Sur les fleuves et rivières mentionnés au
décret du 4 mars 1890, les articles 2 à 11 du règlement
du 1ᵉʳ septembre 1884, qui concernent les feux des na-
vires de mer, seront appliqués en aval de la limite dé-
terminée par ce décret. Ils seront également appliqués,
en amont de cette limite, sur ceux desdits cours d'eau
qui se trouvent isolés du réseau général de navigation
intérieure.

Le surplus du réseau sera soumis aux règles ci-après.

TITRE PREMIER

Bateaux en marche.

SECTION I. — DISPOSITIONS APPLICABLES A L'ENSEMBLE
DU RÉSEAU FLUVIAL

Art. 3. — Les bateaux mus par la vapeur ou par
tout autre moteur mécanique porteront, quand ils mar-
cheront isolément, quatre ou cinq feux au gré du capitaine, savoir :

A l'avant, un feu blanc placé dans l'axe du bateau
ou deux feux blancs de niveau disposés symétriquement
de part et d'autre de cet axe, lesdits feux invisibles de
l'arrière ;

A tribord, un feu vert ; à bâbord, un feu rouge ; tous
deux visibles de l'avant et invisibles de l'arrière ;

A l'arrière, un feu rouge invisible de l'avant.

Toutefois, pour les bateaux de moins de 12 mètres de longueur, les feux d'avant et de côté pourront être obtenus à l'aide d'un fanal triple placé soit à l'avant, soit vers le milieu du bateau, à une hauteur telle que les feux ne puissent en aucun cas être masqués.

Ce fanal triple devra projeter ses rayons de telle sorte que deux au moins des trois feux soient simultanément visibles, tout en restant distincts, pour un observateur placé à 300 mètres dans la direction de l'axe du bateau.

Les feux de position devront éclairer un secteur d'au moins 112°30'.

ART. 4. — Les remorqueurs sans convoi porteront les mêmes feux que les bateaux à vapeur isolés.

ART. 5. — Les remorqueurs à la tête d'un convoi porteront cinq feux, savoir :

A l'avant, deux feux blancs superposés l'un à l'autre, disposés dans l'axe du bateau et invisibles de l'arrière ;

A tribord, un feu vert ; à bâbord, un feu rouge ; tous deux visibles de l'avant et invisibles de l'arrière ;

A l'arrière, un feu rouge invisible de l'avant.

ART. 6. — Les toueurs avec ou sans convoi porteront cinq feux, savoir :

A l'avant, un feu blanc et un feu rouge superposé au feu blanc, placés l'un et l'autre dans l'axe du bateau et invisibles de l'arrière ;

A tribord, un feu vert ; à bâbord, un feu rouge ; tous deux visibles de l'avant et invisibles de l'arrière ;

A l'arrière, un feu rouge invisible de l'avant.

Art. 7. — Les deux feux superposés à l'avant des remorqueurs et des toueurs seront espacés entre eux, de telle sorte qu'ils soient toujours parfaitement distincts l'un de l'autre dans toutes les positions du bateau.

Les feux latéraux prescrits pour les bateaux à vapeur, les remorqueurs et les toueurs, seront placés vers le milieu de la longueur de ces bateaux, dans une position telle qu'ils ne se confondent jamais avec ceux d'avant.

Leur élévation au-dessus du pont sera suffisante pour qu'ils ne soient jamais masqués par aucune partie du bateau ou de son chargement.

Art. 8. — Les bateaux intermédiaires des convois toués ou remorqués porteront chacun un feu blanc dont le rayonnement sera atténué par un verre dépoli ; ce feu, placé à l'avant, restera constamment visible de tous les points de l'horizon.

- Lesdits bateaux pourront être dispensés de tout éclairage, par arrêté préfectoral, lorsqu'ils seront disposés en couplage serré, de manière à former un système invariable et n'auront pas la faculté de gouverner isolément.

Art. 9. — Le dernier bateau de chaque convoi portera deux feux, savoir :

A l'avant, un feu blanc atténué, comme il est dit à l'article 8 ;

A l'arrière, un feu rouge invisible de l'avant.

Art. 10. — Toutes les fois qu'un toueur ou un remorqueur devra obstruer le chenal pour opérer une manœuvre quelconque, il superposera un feu rouge, visible de l'amont et de l'aval, à celui des feux latéraux qui se trouvera du côté de l'interruption du passage.

Art. 11. — Les bateaux isolés, autres que ceux qui sont mus par la vapeur ou par tout autre moteur mécanique, porteront deux ou trois feux au gré du marinier, savoir :

A l'avant, un feu blanc placé dans l'axe du bateau, ou deux feux blancs de niveau disposés symétriquement de part et d'autre de cet axe, lesdits feux invisibles de l'arrière ;

A l'arrière, un feu rouge invisible de l'avant.

Art. 12. — Les radeaux dont la largeur ne dépassera pas 10 mètres porteront les mêmes feux que les bateaux ordinaires isolés.

Les radeaux de plus de 10 mètres de largeur porteront, savoir :

A l'avant, deux feux blancs invisibles de l'arrière ;

A l'arrière, deux feux rouges invisibles de l'avant.

Ces quatre feux seront respectivement disposés aux angles du radeau.

Art. 13. — Outre les feux ci-dessus prescrits, les bateaux des services réguliers porteront à l'avant un feu vert invisible de l'arrière ; ce feu sera placé dans l'axe du bateau et superposé aux feux d'avant à une hauteur telle qu'il en reste constamment distinct.

Art. 14. — Par exception aux dispositions qui précèdent, sur les cours d'eau où la navigation de nuit est peu active et en l'absence de navigation à vapeur, les bateaux ordinaires et les radeaux pourront être dispensés, par arrêté préfectoral, de l'éclairage d'arrière.

Art. 15. — Les bateaux de plaisance et autres embarcations ayant plus de 8 mètres de longueur, ainsi que les canots à vapeur de toute dimension, seront assujettis, selon leur nature, aux prescriptions du présent règlement.

Les canots ordinaires, les bachots et les petites embarcations d'agrément dont la longueur ne dépasse pas 8 mètres, seront éclairés au moyen d'un feu blanc visible de tous les points de l'horizon.

Art. 16. — Les canots à la traîne seront dispensés de l'éclairage, pourvu que la traîne ne dépasse pas une longueur de 5 mètres.

SECTION II. — DISPOSITIONS SPÉCIALES A LA TRAVERSÉE DES GRANDES VILLES ET DE LEUR BANLIEUE

Art. 17. — Dans la traversée des grandes villes et de leur banlieue, le mode d'éclairage des bateaux à voyageurs sera déterminé, selon les besoins du service, par des arrêtés préfectoraux qui seront soumis à l'homologation ministérielle.

Il ne sera pas dérogé, par ces arrêtés, aux dispositions du présent règlement qui s'appliquent aux autres bateaux ou aux radeaux.

TITRE II

**Bateaux et radeaux en stationnement. — Bateaux échoués.
Écueils. — Ouvrages d'art.**

ART. 18. — Les bateaux et radeaux stationnant dans
le chenal seront signalés par deux feux rouges placés
dans l'axe du bateau, l'un à l'avant, l'autre à l'arrière.

Cette règle s'appliquera à tous les engins flottants,
tels que dragues à vapeur, pompes d'épuisement et son-
nettes, mouillés dans le chenal.

ART. 19. — Les bateaux, radeaux et engins flottants,
arrêtés le long de la rive, seront signalés par un feu
rouge placé du côté du large, vers le milieu de la longueur du bateau, et visible de tous les points de la voie
navigable.

Le feu rouge sera remplacé par un feu vert pour les
pontons-embarcadères.

Lorsque plusieurs bateaux, radeaux ou engins flottants stationneront bord à bord le long de la rive, celui
du large pourra être seul éclairé.

ART. 20. — Les bateaux, radeaux et engins flottants
stationnant dans les ports publics ou privés seront dispensés de tout éclairage, à la condition que ces bateaux
ou radeaux soient complètement effacés en dehors du
profil courant du chenal.

ART. 21. — Des feux rouges en nombre suffisant,
visibles de l'amont et de l'aval, devront signaler la présence des bateaux échoués et autres écueils accidentels.

Des feux jaunes seront placés à distance convenable de ces écueils, lorsque la disposition des lieux ne permettra pas d'apercevoir les feux rouges en temps utile.

ART. 22. — Les ouvrages provisoires mettant obstacle à la navigation seront signalés, tant à l'amont qu'à l'aval, par des feux rouges.

Un feu de même couleur sera placé sur chacune des pattes-d'oie disposées à l'avant ou à l'arrière des échafaudages.

Chaque passe libre sera désignée soit par un feu blanc disposé dans l'axe de la passe, soit par deux feux blancs respectivement placés de chaque coté de ladite passe.

Chaque passe fermée sera indiquée, soit par un feu rouge placé dans l'axe de la passe, soit par deux feux rouges respectivement disposés de chaque côté de ladite passe, sans préjudice de ceux qui sont prescrits sur les pattes-d'oie.

ART. 23. — Des arrêtés ministériels désigneront ceux des ouvrages permanents affectés à un service public qui doivent être éclairés.

Des arrêtés préfectoraux statueront de même à l'égard des ouvrages établis par des particuliers en vertu de permissions de voirie.

Ces arrêtés fixeront les conditions de l'éclairage dans chaque cas particulier, en maintenant aux feux de différentes couleurs la signification qui leur est attribuée aux articles 21 et 22.

ART. 24. — Sur les voies où la navigation sera de

fait suspendue, des arrêtés préfectoraux pourront accorder des dispenses totales ou partielles d'éclairer, pendant la durée de cette interruption, les bateaux, établissements flottants et obstacles définis ci-dessus.

TITRE III
Dispositions générales.

ART. 25. — Les feux de différentes couleurs ci-dessus énumérés seront produits au moyen d'appareils dont la lumière puisse être aperçue à une distance minimum de 300 mètres et offre un pouvoir éclairant au moins égal à l'unité photométrique usuelle fournie par une lampe Carcel, avec mèche de $0^m,02$ de diamètre, brûlant par heure 42 grammes d'huile de colza.

Les feux d'avant et ceux d'arrière seront cylindriques ou angulaires au gré des mariniers.

Les feux latéraux prescrits pour les bateaux à vapeur, les toueurs et les remorqueurs seront exclusivement des feux angulaires éclairant un secteur d'au moins 112°30′.

Chaque bateau sera muni d'un nombre d'appareils suffisant, ainsi que d'un assortiment de verres blancs, rouges et verts pouvant s'adapter à ces appareils.

ART. 26. — L'éclairage des bateaux ne pourra avoir lieu au moyen de la lumière électrique que sur une autorisation spéciale qui sera donnée par le Ministre des travaux publics.

ART. 27. — Le passage de nuit aux écluses et ponts mobiles sera refusé aux bateaux, convois et radeaux qui ne seraient pas munis des feux réglementaires.

Art. 28. — Le présent règlement sera exécutoire à dater du 1er janvier 1894.

Art. 29. — Le Ministre des travaux publics est chargé de l'exécution du présent décret.

---

9 avril 1898.

ARRÊTÉ

DU PRÉFET DE MEURTHE-ET-MOSELLE RELATIF A LA CIRCULATION DES VÉLOCIPÈDES SUR LES CHEMINS DE HALAGE DES CANAUX

ARTICLE PREMIER. — La circulation des vélocipèdes est tolérée, aux risques et périls des cyclistes, sur le chemin de halage de la Moselle canalisée (2e section), entre le pont de la route nationale n° 57 à Pompey et l'écluse d'Arnaville, sous les conditions prévues par les arrêtés préfectoraux des 29 février 1896 et 15 juin 1897, et sous les restrictions spéciales ci-après :

Elle demeure interdite sur tout le parcours du canal de la Marne au Rhin, de la branche sud du canal de l'Est (voie principale entre Toul et Gripport), et de l'embranchement de Nancy (entre Messein et Laneuveville).

Art. 2. — La circulation est interdite pendant la nuit, c'est-à-dire entre le coucher et le lever du soleil.

ART. 3. — Elle est interdite sur tous les points où le chemin de halage se trouve en bordure d'une autre voie publique pouvant être empruntée par le vélocipède.

ART. 4. — La vitesse doit être réduite à celle d'un homme-marchant au pas :

1° Aux abords des écluses, ports publics ou privés ;

2° Au passage des ponts et passerelles ;

3° Aux tournants brusques et, en général, sur tous les points où la vue du chemin dans le sens du mouvement est masquée par un obstacle, en tout ou en partie.

ART. 5. — Le vélocipédiste, à la rencontre des chevaux de halage marchant dans le même sens que lui ou en sens inverse, doit s'effacer et laisser le champ libre.

Il doit s'arrêter, mettre pied à terre et conduire sa machine à la main toutes les fois qu'il pourrait troubler par son passage une opération quelconque de navigation.

ART. 6. — Dans aucun cas et sous aucun prétexte, le vélocipédiste ne pourra prétendre à aucune indemnité de la part de l'État, l'autorisation de circuler étant accordée à titre de pure tolérance et ne concédant au vélocipédiste aucun droit de servitude.

ART. 7. — Les contraventions au présent arrêté seront constatées par des procès-verbaux dressés par les agents de la navigation et tous autres agents de l'autorité ayant qualité pour verbaliser, et seront déférées aux tribunaux compétents.

Art. 8. — Le présent arrêté sera publié et affiché dans l'étendue du département. Des expéditions en seront adressées à MM. les Ingénieurs en chef chargés des voies navigables, aux Sous-Préfets et aux Maires chargés, chacun en ce qui le concerne, de surveiller et d'assurer l'exécution des dispositions prescrites.

Nota. — Aucune tolérance de circulation sur les chemins de halage du canal de la Marne au Rhin n'a été accordée non plus dans les départements de la Marne et de la Meuse.

1ᵉʳ avril 1899.

DÉCRET

PORTANT RÈGLEMENT RELATIF : 1° A L'IMMATRICULATION ET AU JAUGEAGE DES BATEAUX ; 2° A LA STATISTIQUE DE LA NAVIGATION INTÉRIEURE

(Extrait.)

. . . .

II

Déclaration de chargement.

Art. 16. — Tout conducteur de bateau ou train devra, à chaque voyage, être porteur d'une déclaration qui indiquera le poids et la nature des marchandises qu'il transporte, groupés d'après une classification arrêtée par le Ministre des travaux publics, les opérations de chargement et de déchargement effectuées en route, ainsi que le point de départ et le lieu de destination.

Cette déclaration sera rédigée sur une formule imprimée que les intéressés pourront se procurer, à titre gratuit, dans les divers bureaux de navigation. Elle devra être soumise au visa des agents des ponts et chaussées, dans les bureaux des lieux de départ et d'arrivée et dans les bureaux du parcours qui seront désignés par l'Administration. Enfin, elle sera remise au bureau du lieu d'arrivée, pour servir de base aux relevés statistiques.

Dans le cas où il n'existerait pas de bureau de déclaration aux lieux de départ et d'arrivée, et dans le cas où le bureau du lieu de départ serait fermé, le premier et le dernier visa auront lieu dans les bureaux les plus voisins.

ART. 17. — Les déclarations, connaissements, lettres de voiture, certificats de jaugeage seront représentés, à toute réquisition, aux agents des ponts et chaussées, aux éclusiers, gardes de navigation, maîtres de pont et pertuis, ainsi qu'aux employés des contributions indirectes, des douanes et des octrois, et à tous agents commissionnés à cet effet.

Cette exhibition devra être faite au moment même de la réquisition des agents.

Les déclarations, connaissements et lettres de voiture devront être tenus en rapport avec les variations du chargement.

ART. 18. — Les bateliers fourniront aux employés et agents ci-dessus dénommés les moyens de se rendre à bord, toutes les fois que ceux-ci le jugeront nécessaire, pour reconnaître les marchandises transportées ou pour vérifier les échelles.

. . . .

ART. 20. — Les dispositions qui précèdent sont applicables aux bateaux à vapeur.

---

8 octobre 1901.

RÈGLEMENT GÉNÉRAL DE POLICE
POUR LES VOIES DE NAVIGATION INTÉRIEURE

ARTICLE PREMIER. — La police et l'usage des voies de navigation intérieure administrées par l'État ou concédées sont régis par les dispositions du présent décret ainsi que par les arrêtés préfectoraux portant règlements particuliers pour l'exécution dudit décret. Ces arrêtés ne seront exécutoires qu'après approbation par le Ministre des travaux publics.

TITRE PREMIER
Conditions à remplir pour naviguer.

ART. 2. — Aucun bateau, train de bois ou radeau circulant sur les voies de navigation intérieure ne doit excéder, chargement compris, et sans aucune tolérance, les dimensions qui seront fixées par les règlements particuliers applicables à chacune de ces voies.

Dimensions des bateaux, trains de bois ou radeaux.

2

Les dimensions à fixer sont :

La longueur de bout en bout, non compris le gouvernail ;

La largeur de dehors en dehors, toutes saillies comprises ;

L'enfoncement ou tirant d'eau ;

La hauteur au-dessus du plan de flottaison ou tirant d'air ;

Le minimum de hauteur du bord au-dessus du plan de flottaison, non compris les bortingles, tant pour les chargements ordinaires que pour les bateaux chargés en comble ;

La hauteur des mâts au-dessus du plan de flottaison à vide ;

Dans les circonstances exceptionnelles et pendant les sécheresses, l'enfoncement normal peut être réduit par arrêté préfectoral. Avis de cette réduction est donné par voie de publication et d'affichage, et les bateaux doivent alors être allégés de telle sorte que le tirant d'eau n'excède pas le nouvel enfoncement ainsi fixé.

Devises.

ART. 3. — Les bateaux portent à l'arrière, soit à la poupe, soit sur les deux côtés, peints à l'extérieur et sur le bordage même, leur dénomination, le nom et le domicile légal des propriétaires. Ils portent, en outre, les plaques et les échelles de jauge et les marques d'immatriculation réglementaires.

Les trains de bois ou radeaux portent aussi, peints sur une planche, le nom et le domicile légal des propriétaires.

Les inscriptions sont apparentes, en toutes lettres et

en caractères ayant au moins 8 centimètres de haut et 2 centimètres de plein.

Art. 4. — Chaque bateau, train de bois ou radeau doit avoir, tant en équipage qu'en hommes de renfort, le personnel nécessaire pour assurer sa marche suivant les circonstances qui peuvent se présenter en cours de route et, en tous cas, au moins un marinier âgé de plus de seize ans.

Personnel.

Art. 5. — Chaque·bateau, train de bois ou radeau doit être muni de tous ses agrès en bon état, notamment des piquets d'amarre et des cordages nécessaires et, en rivière, de plusieurs ancres.

Agrès.

Art. 6. — Tout bateau, train de bois ou radeau qui, ne satisfaisant pas aux conditions précédemment fixées, présente un réel danger pour la navigation, peut être retenu en un point qui sera désigné par les agents de la navigation, dont la liste est arrêtée par le Ministre des travaux publics, et ne doit être remis en marche qu'après qu'il a satisfait à ces conditions. A cet effet, les agents de la navigation ont le droit d'effectuer toutes les vérifications nécessaires à un moment quelconque.

Vérifications.

Quand cette inspection donnera à l'agent lieu de penser que le bateau n'est pas en état de naviguer avec sécurité, le bateau sera retenu et soumis à une vérification faite, dans le plus bref délai, en présence du patron du bateau ou de son représentant, par l'Ingénieur du service de la navigation ou par son délégué.

Si le bateau est reconnu en mauvais état, il ne pourra être remis en marche qu'après avoir été convenablement réparé.

S'il ne peut être utilement réparé, il devra être retiré de la voie navigable et de ses dépendances.

Conditions
que doivent
remplir
les bateaux
naviguant de nuit.

ART. 7. — En outre des dispositions réglementaires concernant l'éclairage et sous réserve de l'application de l'article 9 ci-après relatif à la marche en convoi et à l'accouplement des bateaux, la navigation de nuit est soumise aux conditions ci-après :.

Tout bateau, train de bois ou radeau naviguant de nuit doit avoir un équipage de deux personnes, dont au moins un homme.

Les mariniers doivent allumer, lorsqu'ils en seront requis, un ou deux fanaux portatifs au passage des écluses.

Halage
des bateaux.

ART. 8. — Tous les bateaux doivent disposer de moyens de traction suffisants pour ne pas retarder la circulation normale des bateaux naviguant dans le même sens et pour ne pas augmenter la durée des sassements.

Ces moyens de traction seront définis sur chaque voie, s'il y a lieu, par les règlements particuliers.

Tout bateau ne satisfaisant pas aux obligations qui résultent des deux paragraphes précédents pourra, après deux sommations d'avoir à s'y conformer, être retenu en un point désigné par les agents de la navigation.

Lorsque le halage s'effectue au moyen de chevaux, ceux-ci doivent toujours être conduits par un charretier qui, s'il n'est pas à cheval, doit se tenir à la tête des chevaux.

Aʀᴛ. 9. — Les bateaux ne peuvent marcher en convoi ou être accouplés que sur les voies navigables ou sections de voies navigables désignées par les règlements particuliers et sous les conditions fixées par ces règlements.

Ne sont pas considérés comme bateaux accouplés ou doublés les bateaux reliés ensemble de manière à former un système invariable qui n'excède, ni en longueur ni en largeur, les dimensions maxima fixées pour les bateaux isolés.

Marche en convoi et accouplement des bateaux.

TITRE II

Classement des bateaux. — Trématage en route et priorité de passage aux écluses et ponts mobiles.

Aʀᴛ. 10. — Les bateaux sont divisés en quatre classes, savoir :

1ʳᵉ classe. — Bateaux isolés, mus par la vapeur ou par tout autre système de propulsion mécanique, et ayant leur source d'énergie à bord.

2ᵉ classe. — Bateaux isolés et bateaux en convoi, halés, toués ou remorqués, soit par la vapeur, soit par tout autre moteur mécanique.

3ᵉ classe. — Bateaux isolés ou en convoi, halés par des animaux de trait.

4ᵉ classe. — Bateaux isolés autres que ceux compris dans les trois classes précédentes ; trains de bois ou radeaux, quel que soit leur mode de traction.

Classement des bateaux.

Bateaux à vapeur.

ART. 11. — En outre des dispositions réglementaires, sur les bateaux à vapeur, la circulation de ces bateaux est assujettie aux conditions ci-après :

La vitesse de marche sur chaque voie navigable ne peut excéder le maximum déterminé par les règlements particuliers.

Les ingénieurs et les agents délégués par eux, ainsi que toutes autres personnes désignées par les règlements, ont le droit de monter à bord des bateaux à vapeur pour en constater la vitesse.

Bateaux
à propulseurs
mécaniques
autres
que des appareils
à vapeur.

ART. 12. — Les bateaux munis de propulseurs mécaniques autres que des appareils à vapeur et ayant leur source d'énergie à bord sont assimilés aux bateaux à vapeur.

La demande de permis de navigation pour les bateaux assimilés doit être accompagnée d'une description détaillée de l'appareil moteur, avec les dessins nécessaires à l'appui.

Service accéléré
et
service ordinaire.

ART. 13. — La navigation est accélérée ou ordinaire.

On entend par « navigation accélérée » celle des bateaux qui, astreints à un minimum de vitesse de marche, partent et arrivent à jour fixe et ne s'arrêtent qu'à des ports déterminés.

La navigation ordinaire est celle de tous les autres bateaux.

Service accéléré.

ART. 14. — Les services accélérés ne peuvent être établis qu'en vertu d'une autorisation ministérielle et sous les conditions qu'elle aura prescrites.

La demande d'autorisation doit indiquer le nombre de bateaux qu'on se propose d'employer, leurs numéros matricules, leurs devises, leur vitesse de marche, les lieux et les jours de départ et d'arrivée, le mode de traction et les principaux points de stationnement.

Les bateaux de service accéléré portent à l'avant et en caractères apparents les mots *service accéléré*.

Ils arborent une flamme bleue.

Lorsque l'entrepreneur d'un service accéléré aura été condamné deux fois dans le délai d'un an pour infraction aux conditions de l'autorisation qu'il aura obtenue, cette autorisation pourra lui être retirée.

ART. 15. — Il est défendu de placer sur les bateaux de service ordinaire tout ou partie des signes distinctifs des services accélérés.

Service ordinaire.

ART. 16. — Le droit de trématage en route est réglé par la vitesse des bateaux, sous la réserve générale qu'aucun bateau ne pourra en dépasser un autre aux abords des passages rétrécis, des écluses et des ponts mobiles, dans les limites indiquées par des poteaux plantés sur la berge, et sauf les restrictions qui pourront être stipulées sur certaines parties des voies navigables par les règlements particuliers.

Droit de trématage en route.

ART. 17. — Le droit de priorité de passage aux écluses et ponts mobiles s'exerce suivant l'ordre d'arrivée des bateaux aux poteaux spécifiés à l'article précédent.

Les bateaux doivent s'arrêter en deçà de cette limite ;

Droit de priorité de passage aux écluses et aux ponts mobiles.

ils ne peuvent la dépasser que sur les instructions des agents de la navigation chargés du service des écluses et ponts mobiles.

Toutefois, les bateaux de la première classe, ainsi que les bateaux des services accélérés, ont le droit de franchir, par ordre d'arrivée, les écluses et ponts mobiles avant les bateaux qui attendent leur tour en deçà de la limite précitée.

Le même droit de priorité peut être accordé aux bateaux de la deuxième et de la troisième classe du service ordinaire sur certaines voies navigables, dans les conditions qui seront déterminées par les règlements particuliers.

Les bateaux en convoi, avec ou sans remorqueurs, ne comptent que pour une unité et sont éclusés sans interposition de bateaux marchant dans le même sens.

Les trains de bois ou radeaux comptent pour autant d'unités qu'ils comprennent de fractions pouvant être admises dans l'écluse. Ils sont maintenus en deçà du poteau indicateur et chaque unité ne sera éclusée que si elle a dépassé le poteau avant l'arrivée d'un bateau ou d'un convoi.

Circonstances exceptionnelles. Art. 18. — Dans des circonstances exceptionnelles, certains bateaux, notamment les bateaux chargés pour le service de l'État, les bateaux chargés de matières dangereuses, les bateaux sur lesquels des maladies infectieuses se seraient déclarées, peuvent encore, par dérogation aux prescriptions de l'article 17, jouir du droit de priorité de passage aux écluses et aux ponts mobiles.

Les conducteurs des bateaux admis à bénéficier des dispositions qui précèdent doivent être munis d'autorisations spéciales et individuelles délivrées par l'Ingénieur en chef de la navigation.

Enfin, des décisions ministérielles peuvent accorder le droit de priorité de passage aux écluses et ponts mobiles, pour un temps déterminé et par voie de mesure générale, aux bateaux chargés de certains objets ou marchandises et notamment de blés et farines.

Art. 19. — En cas de contestations sur l'application des dispositions relatives à la priorité de passage aux écluses et ponts mobiles, les conducteurs de bateaux, trains de bois ou radeaux sont tenus de se conformer aux ordres des agents de la navigation chargés du service de ces ouvrages. *Contestations.*

Art. 20. — Les règlements particuliers désigneront les parties de voies navigables où des restrictions devraient être apportées à certains modes de navigation. *Restrictions à certains modes de navigation.*

TITRE III

Bateaux, trains de bois ou radeaux en marche.

Art. 21. — La navigation et le passage aux écluses et ponts mobiles ont lieu librement le jour et la nuit. *Navigation de jour et de nuit.*

Les ingénieurs peuvent néanmoins interdire la navigation de nuit à l'époque des crues, des gelées et des débâcles, et dans le cas où des avaries survenues, soit aux digues, soit aux ouvrages d'art de la voie navigable, feraient craindre quelque danger.

Les ingénieurs peuvent aussi rendre la navigation de jour et de nuit obligatoire pour tous les bateaux, sans distinction, lorsque cette mesure leur paraîtra nécessaire pour éviter l'encombrement.

Interruptions de la navigation.

ART. 22. — Hors le cas de force majeure, la navigation ne peut être suspendue que par un acte administratif qui fixe, après avis des ingénieurs de la navigation, l'époque et la durée de l'interruption.

Pendant les chômages, les bateaux peuvent circuler à leurs risques et périls, dans les biefs ou parties de biefs restés en eau.

En temps de brouillard, aucun bateau à vapeur ou assimilé ne peut naviguer que dans les circonstances qui permettent au capitaine de voir sa route à une distance de 200 mètres au moins, sauf dérogations spécifiées dans les règlements particuliers. Si le bateau est déjà en marche, le capitaine en ralentit la vitesse, fait tinter la cloche, siffler ou corner d'une manière continue et se range à la rive le plus tôt possible.

Rencontre des bateaux, trains de bois ou radeaux marchant en sens contraire.

ART. 23. — Tout bateau, convoi, train de bois ou radeau allant dans un sens doit la moitié de la voie à tout bateau, convoi, train de bois ou radeau allant en sens contraire.

Lors de la rencontre de deux bateaux halés, si l'un est chargé et l'autre vide, le bateau vide se range du côté du halage et le bateau chargé mollit son trait de telle façon que ce trait passe sous le bateau vide. Si les bateaux sont tous deux chargés ou vides, le bateau montant se tient du côté du halage.

Lors de la rencontre d'un bateau halé et d'un bateau à vapeur isolé ou remorquant un convoi, le bateau à vapeur tient le côté opposé au halage.

Quant à la rencontre de deux bateaux à vapeur ou isolés, ou remorquant des convois, elle se fait conformément aux règlements en vigueur.

ART. 24. — Dans le trématage en route, le bateau qui cède le passage doit se ranger du côté opposé au halage et lâcher ou mollir son trait.

Trématage en route.

Si le bateau trématant est un bateau à vapeur isolé ou remorquant un convoi, le bateau qui cède le passage se range du côté du halage sans lâcher ni mollir son trait.

Le trématage entre deux bateaux à vapeur se fait conformément aux règlements en vigueur.

Dans le trématage de deux convois, le convoi qui cède le passage est tenu, dès qu'il a été rejoint par le suivant et jusqu'à ce que le croisement soit entièrement terminé, de réduire sa vitesse à la limite strictement nécessaire pour maintenir sa direction.

Les bateaux qui se préparent à exercer le droit de trématage sont tenus d'avertir en temps utile, au moyen d'un signal sonore, les bateaux qu'ils doivent dépasser.

Des règlements particuliers définiront, s'il y a lieu, les conditions du trématage en route pour les bateaux naviguant à la voile ou à gré d'eau.

ART. 25. — La marche de front des bateaux isolés, convois, trains de bois ou radeaux est interdite.

Marche simultanée.

Tout convoi de bateaux naviguant à la suite d'un

autre et ne pouvant le trémater doit s'en tenir éloigné à une distance de 200 mètres au moins, comptée à partir du dernier bateau du convoi précédent, sauf les dérogations spécifiées par les règlements particuliers.

Virages, formation et échange des convois.

Art. 26. — Les règlements particuliers déterminent les conditions dans lesquelles devront s'effectuer les virages, ainsi que la formation et l'échange des convois.

Prescriptions d'ordre général.

Art. 27. — Lorsqu'un bateau, train de bois ou radeau se présente dans une partie de la voie navigable qui n'a pas une largeur suffisante pour le croisement et dans laquelle un autre bateau, train de bois ou radeau venant en sens contraire se trouve déjà engagé, il est tenu de s'arrêter et de se ranger pour laisser passer ce dernier.

Des poteaux indicateurs font connaître les limites entre lesquelles le croisement ne peut avoir lieu.

Dans les tournants brusques, les bateaux à vapeur et assimilés doivent siffler ou sonner la cloche à plusieurs reprises, jusqu'à ce qu'ils soient arrivés aux extrémités des courbes.

Bateaux chargés de matières dangereuses.

Art. 28. — En outre des dispositions réglementaires applicables à tous les bateaux chargés de matières dangereuses, les bateaux chargés de ces matières, lorsqu'ils naviguent en convoi, sont astreints à l'obligation de se placer à l'arrière du convoi.

Arrêts.

Art. 29. — Tout bateau, train de bois ou radeau qui s'arrête doit se placer de manière à ne pas gêner la navigation.

_ Lorsque, pour une cause quelconque, un remorqueur ou un toueur est obligé de susprendre sa marche, il doit signaler cet arrêt, à l'aide de la cloche ou du sifflet, aux bateaux à sa remorque ou à sa suite ; ceux-ci étant ainsi prévenus doivent prendre les mesures nécessaires pour éviter les collisions.

La mise en marche doit être signalée de la même manière.

TITRE IV
Passages aux ouvrages de navigation.

ART. 30. — Le passage aux écluses et ponts mobiles sera refusé à tout bateau, train de bois ou radeau qui ne serait pas muni de la déclaration de chargement et du certificat de jaugeage. Il sera également refusé à tout bateau à vapeur ou assimilé dont le conducteur ne produirait pas le permis de navigation.

Le passage de nuit ne sera accordé qu'aux bateaux remplissant les conditions spéciales fixées au présent décret.

Conditions à remplir. pour le passage. aux écluses et ponts mobiles.

ART. 31. — Tout bateau, train de bois ou radeau qui, arrivé près d'une écluse, ne pourrait passer immédiatement, doit s'arrêter, pour attendre son tour, avant le poteau indicateur de la limite de stationnement.

S'il ne veut pas continuer sa route, il doit se rendre et se garer à l'emplacement qui lui est désigné par les agents de la navigation.

Bateaux, trains de bois ou radeaux attendant leur tour de passage.

ART. 32. — On profitera, autant que possible, de la même éclusée pour faire passer des bateaux, trains de

Ordre de passage.

bois ou radeaux marchant en sens contraire. Les mariniers sont tenus d'exécuter les manœuvres prescrites à cet effet.

Précautions à prendre.

ART. 33. — Aux approches des écluses, ponts et ouvrages d'art, le mouvement des bateaux est réglé de manière à éviter tout choc.

Chaque bateau doit être muni de ballons pour parer aux chocs contre les ouvrages.

Les bateaux doivent être conduits avec précaution, tant à l'entrée qu'à la sortie des écluses. Pendant le sassement, ils sont solidement amarrés à chacune de leurs extrémités sans pouvoir en aucun cas être attachés aux portes.

Les dispositions qui précèdent sont également applicables aux trains de bois et aux radeaux.

Les patrons et mariniers doivent d'ailleurs se conformer ponctuellement à tous les ordres qui leur sont donnés par l'éclusier pour les précautions à prendre pendant les manœuvres.

Arrêts dans les écluses.

ART. 34. — Les bateaux, trains de bois ou radeaux ne peuvent rester dans les écluses que le temps strictement nécessaire pour le sassement.

Manœuvres des écluses et ponts mobiles.

ART. 35. — Les éclusiers ou pontiers ont seuls le droit de manœuvrer les ventelles, les portes d'écluses ou autres appareils.

Toutefois, ils peuvent être aidés par les mariniers et les charretiers, qui doivent, dans ce cas, se conformer à leurs ordres.

ART. 36. — Lorsque les bateaux peuvent franchir librement les passes ou pertuis navigables, l'ouverture de ces passes ou pertuis est indiquée aux mariniers, pendant le jour, par des drapeaux *blancs*, et, pendant la nuit, par des feux *blancs*.

Passage
dans les passes
et
pertuis navigables.

Il est interdit aux mariniers de s'engager dans le chenal des passes ou pertuis navigables lorsque ces signaux ne sont pas établis.

ART. 37. — Les règlements particuliers détermineront les conditions dans lesquelles devra s'effectuer la traversée des passages rétrécis et des souterrains.

Traversée
des passages
rétrécis
et des souterrains.

TITRE V

Stationnement des bateaux.
Mesures d'ordre dans les ports et dans les garages.

ART. 38. — Les bateaux ne peuvent stationner que sur les parties de la voie navigable et dans les conditions fixées par les ingénieurs.

Stationnement.

Le stationnement est dans tous les cas interdit :

1° Sur tous les points où le croisement des bateaux ne peut s'opérer ;

2° Dans les limites indiquées par les poteaux établis en vertu de l'article 16 du présent décret.

ART. 39. — Il est défendu de charger, décharger et déposer des marchandises ailleurs que dans les ports, à moins d'une permission de l'ingénieur, s'il s'agit d'un bateau, ou d'une autorisation de l'Ingénieur en chef dans les autres cas.

Chargement,
déchargement
et dépôts
des marchandises.

Toutefois, sur certaines rivières, des règlements particuliers pourront apporter des tempéraments à l'interdiction qui précède, dans la mesure compatible avec les besoins de la navigation.

Dans les ports, les mariniers doivent se conformer aux mesures d'ordre général édictées par les articles 40 à 43 du présent règlement, ainsi qu'au règlement particulier de chaque port.

Mise à port.

ART. 40. — Les bateaux en chargement ou en déchargement sont placés à quai, de préférence à tous autres bateaux.

Les bateaux à port doivent abattre les mâts et replier ou enlever le gouvernail.

Les bateaux doivent être retirés du quai dès que leur chargement ou leur déchargement est terminé.

Lorsque les ports sont du côté du halage ou bien lorsque, en dehors des ports, des débarquements, embarquements ou transbordements ont été exceptionnellement autorisés sur ce côté, en vertu de l'article 39 du présent décret, les bateaux ne peuvent y rester que pendant le temps strictement nécessaire pour le chargement, le déchargement ou le transbordement. Aussitôt après l'achèvement de ces opérations ou pendant leur interruption, les bateaux doivent gagner un lieu de stationnement autorisé.

Tout marinier ou propriétaire de bateau à port doit souffrir, s'il y a lieu, sur son bateau :

1° Le repêchage, c'est-à-dire le passage ou l'attache des amarres d'un autre bateau placé en double ou en triple ;

2° Le passage des ouvriers employés au déchargement ou chargement dudit bateau.

ART. 41. — Tout bateau dont le chargement ou le déchargement ne serait pas terminé à l'expiration du délai fixé par le règlement particulier du port ou sur lequel on ne travaillerait pas peut, après avertissement, être retiré du port.

Délais.

ART. 42. — Il ne peut être déposé sur les ports publics que des marchandises arrivées par eau ou destinées à être embarquées. Ces marchandises doivent être rangées à terre de manière à occuper le moins d'espace possible et à laisser libres les chemins de service nécessaires, conformément aux indications données par les agents de la navigation.

Dépôt
et enlèvement
des marchandises.

L'enlèvement des marchandises déposées sur les ports doit être terminé dans les délais fixés par les règlements particuliers.

A l'expiration de ces délais, si les marchandises ne sont pas enlevées, il est dressé un procès-verbal de la contravention, et l'enlèvement peut être opéré d'office, après mise en demeure régulièrement adressée à l'expéditeur et au destinataire indiqués sur la déclaration de chargement.

Les résidus restant au fond des bateaux après le déchargement ne peuvent être déposés sur les ports ou berges, ni jetés à l'eau.

L'embarquement, le débarquement et le dépôt des boues, immondices, fumiers, produits de vidange et matières insalubres ne peuvent avoir lieu qu'après l'obtention d'une autorisation spéciale.

Les voitures ne peuvent stationner sur les quais que pendant le temps nécessaire pour les charger et les décharger.

Chaque soir, à la fin du travail, les échelles, madriers ou autres objets mobiles servant à l'embarquement ou au débarquement sont rangés de manière à ne pas gêner la circulation.

Aussitôt après l'enlèvement des marchandises, l'emplacement qu'elles ont occupé sur les ports ou berges doit être nettoyé et les détritus doivent être enlevés par l'auteur du dépôt.

Opérations
défendues
sur les ports.

Art. 43. — Sous réserve des dérogations autorisées par les règlements particuliers des ports, toutes les opérations qui n'ont pas pour but l'amenée, le conditionnement, la reconnaissance et l'enlèvement des marchandises sont interdites sur les ports.

Garages.

Art. 44. — Les bateaux sans emploi, les bateaux ou trains de bois qui attendent, soit leur chargement, soit leur destination définitive, sont garés dans les lieux désignés par les ingénieurs et conformément à leurs indications.

Les propriétaires de ces bateaux sont tenus de faire connaître aux agents de la navigation le nom et la demeure des personnes à qui la garde en est confiée.

Le séjour des bateaux et des trains de bois dans un garage ne peut, sans une autorisation spéciale, se prolonger au delà des délais fixés par les règlements particuliers.

Amarrage
et gardiennage.

Art. 45. — Tout bateau, train de bois ou radeau en station est solidement amarré à ses deux extrémités.

Toute ancre restant mouillée en rivière doit être indiquée par une bouée suffisamment apparente, et signalée le jour par un drapeau rouge, la nuit par un feu rouge.

Cette ancre ne doit, dans aucun cas, être placée dans le chenal navigable.

Tout bateau, train de bois ou radeau en station doit être gardé de jour et de nuit par une personne en état de prendre les mesures que les circonstances peuvent commander.

Plusieurs bateaux, trains de bois ou radeaux groupés peuvent être laissés à la surveillance d'un seul gardien, au cas où cette surveillance serait reconnue suffisante par les ingénieurs.

Tout bateau en station le long d'une rive où se fait le halage doit avoir sa mâture ou sa cheminée abaissée, et son gardien est tenu de passer la corde des bateaux en marche.

Art. 46. — Tout bateau, train de bois ou radeau abandonné sans patron ni gardien est conduit, par les soins de l'agent de la navigation qui en a constaté l'abandon, dans un lieu où il ne pourra gêner la navigation. *Bateaux abandonnés.*

Cet agent dresse procès-verbal et prépose un homme à la garde dudit bateau, train de bois ou radeau.

Les dépenses faites par application du présent article sont à la charge du propriétaire du bateau, train de bois ou radeau abandonné.

Art. 47. — Les bateaux à réparer doivent être placés sur des cales de radoub. ' *Bateaux en réparation.*

Les propriétaires des bateaux peuvent, néanmoins, quand les circonstances le permettent, obtenir des ingénieurs la faculté de réparer leurs bateaux sur d'autres points.

Déchirage des bateaux.

ART. 48. — Les bateaux ne peuvent être déchirés sur les berges, les ports et les chemins de halage qu'en vertu d'une autorisation délivrée par l'Ingénieur en chef et aux points indiqués dans cette autorisation.

Le déchirage des bateaux s'effectue immédiatement après leur mise à terre et est continué sans interruption. Les clous et autres débris qui en proviennent sont enlevés au fur et à mesure, de manière à n'occasionner aucun accident ou embarras sur les berges, ports et chemins de halage.

TITRE VI
Transport en commun des voyageurs par bateaux à vapeur ou assimilés.

ART. 49. — En outre des prescriptions réglementaires concernant les bateaux à vapeur qui naviguent sur les fleuves et rivières, les dispositions applicables au transport en commun des voyageurs par bateaux à vapeur ou assimilés seront fixées par les règlements particuliers.

TITRE VII
Navigation de plaisance. — Bateaux particuliers.
Bateaux de pêche et de marine.

Conditions générales pour les bateaux de plaisance.

ART. 50. — La circulation et le stationnement des bateaux de plaisance sont soumis :

1° Aux conditions qui précèdent, en tant qu'elles leur sont applicables ;

2° Aux dispositions ci-après, lesquelles seront complétées, s'il y a lieu, par les règlements particuliers.

ART. 51. — Sur les rivières à courant libre, la navigation de plaisance s'effectue librement.

Circulation des bateaux de plaisance.

Sur les rivières canalisées, les bateaux d'un tonnage égal ou supérieur à dix tonnes jouissent des mêmes droits que les bateaux de commerce. Quant aux bateaux et nacelles d'un tonnage inférieur à dix tonnes, ils ne peuvent naviguer librement que dans les biefs, et ils ne sont admis à franchir les écluses qu'avec une permission écrite des ingénieurs et, autant que possible, en profitant du sassement d'un bateau de commerce.

Sur les canaux, les bateaux de plaisance ne peuvent circuler dans l'étendue des biefs, ni franchir les écluses qu'avec une permission écrite des ingénieurs.

ART. 52. — Les propriétaires de bateaux de plaisance qui veulent garer, laisser stationner ou amarrer à titre permanent leurs embarcations dans les limites des dépendances du domaine public doivent en demander l'autorisation au préfet, qui la leur accorde, s'il y a lieu, sur le rapport des ingénieurs de la navigation.

Stationnement des bateaux de plaisance.

ART. 53. — Les bateaux particuliers, définis à l'article 8 de la loi du 6 frimaire an VII, et les bateaux de pêche et de marine, définis à l'article 9 de la même loi, doivent être garés de manière à ne gêner ni la navigation ni le halage : ils doivent être maintenus en bon état et solidement amarrés.

Bateaux particuliers de pêche et de marine.

Obligations
communes
aux bateaux
de plaisance,
aux bateaux
particuliers
et aux bateaux
de pêche.

ART. 54. — Les bateaux de plaisance, les bateaux particuliers et les bateaux de pêche ne peuvent circuler qu'à la condition de ne gêner ni la navigation ni le halage.

Ils doivent se tenir à une distance suffisante des bateaux en marche et des dragues ou appareils analogues en fonctionnement.

Ils ne peuvent s'amarrer, en aucun cas, dans le chenal navigable.

Régates
et fêtes nautiques.

ART. 55. — Les régates, fêtes et exercices nautiques organisés soit par des communes, soit par des sociétés, soit par des particuliers ne peuvent avoir lieu sans une autorisation préfectorale délivrée sur l'avis des ingénieurs.

TITRE VIII

Obstacles éventuels à la navigation.

Mesures
préventives
en cas de glaces
et de
grosses eaux.

ART. 56. — En temps de glaces ou de grosses eaux, il est prescrit de renforcer en rivière les amarres des bateaux et établissements flottants.

Dès que les glaces apparaissent en rivière, tous bateaux, trains de bois, radeaux, établissements flottants qui seraient menacés, ou dont la présence pourrait faire craindre quelque accident, doivent être dirigés sur les points désignés par les agents de la navigation, quelles que soient les autorisations ou permissions accordées antérieurement.

En canal comme en rivière, la glace doit, autant que possible, être cassée autour de la flottaison par les soins du propriétaire ou de la personne préposée à la conduite ou à la garde des bateaux, trains de bois et établissements flottants.

Lorsqu'il y a danger de débordement, les marchandises de toute nature susceptibles d'être entraînées par les eaux sont immédiatement enlevées des ports, berges et dépendances de la voie navigable. Les matériaux ou marchandises submergés sont considérés comme écueils et signalés comme le prescrit l'article 58 ci-après. Toutes ces opérations doivent être faites d'urgence, et continuées au besoin pendant la nuit, par les soins et aux frais des propriétaires des matériaux ou marchandises.

Faute par les propriétaires ou préposés de se conformer aux dispositions qui précèdent, les mesures nécessaires peuvent être prises d'office par les ingénieurs, aux frais, risques et périls desdits propriétaires ou préposés.

ART. 57. — En cas de péril public, il peut être procédé d'office, sur l'ordre donné par le préfet, à la destruction des bateaux ou établissements flottants dangereusement placés.

Destruction d'office en cas de péril.

ART. 58. — Le propriétaire ou patron d'un bateau, train de bois, radeau ou établissement flottant qui viendrait à couler à fond est tenu de prendre sans aucun retard et, en tous cas, dans le délai qui lui sera prescrit par les agents de la navigation, les dispositions nécessaires pour relever ou remettre à flot ledit bateau, train de bois, radeau ou établissement flottant, et pour

Bateaux à fond. Écueils.

opérer le repêchage des marchandises, des agrès et de tous autres objets qui seraient restés au fond de l'eau.

Il doit signaler immédiatement l'écueil : le jour par des drapeaux rouges, la nuit par des feux réglementaires.

Faute par lui d'avoir satisfait aux obligations énoncées par le présent article, il est dressé procès-verbal de contravention, et les mesures nécessaires sont prises, à ses frais, risques et périls, par l'Administration, qui peut, en cas d'urgence, procéder par voie de destruction.

TITRE IX
Interdictions et autorisations.

Interdiction visant plus particulièrement la conservation des voies navigables.

ART. 59. — Sans préjudice des prohibitions édictées par les lois et arrêts, décrets et ordonnances sur la matière, ainsi que par les règlements particuliers pris en exécution du présent décret, il est défendu :

1° De faire aucun dépôt d'immondices, ordures ménagères, pierres, graviers, bois, pailles, fumiers, etc., sur les dépendances des voies navigables ;

2° De détériorer aucune espèce de plantation ou de récolte sur lesdites dépendances ;

3° De stationner et de circuler sur les passerelles et autres dépendances des écluses et barrages, à moins qu'elles ne soient aménagées pour servir de passage public ; de se tenir sur les ponts mobiles pendant la manœuvre ;

4° De parcourir avec des bestiaux ou animaux de trait autres que ceux employés au halage, les levées et autres parties des terrains dépendant des voies navigables qui ne sont pas grevés de la servitude de passage ;

5° De laisser pâturer aucun animal sur les dépendances des voies navigables ;

6° D'y chasser, à moins d'être fermier ou permissionnaire de chasse ;

7° De mener les chevaux, attelés ou non, autrement qu'au pas, au passage des ponts mobiles ;

8° De baigner ou abreuver des animaux quelconques dans les canaux et leurs dépendances en dehors des abreuvoirs régulièrement autorisés.

ART. 60. — Sans préjudice des prohibitions édictées par les lois et arrêts, décrets et ordonnances sur la matière, ainsi que par les règlements particuliers pris en exécution du présent décret, il est défendu :

Interdiction visant plus particulièrement la navigation.

1° D'embarrasser les ports et gares affectés au stationnement des bateaux, de laisser vaguer les bateaux ou batelets, les trains de bois ou radeaux ;

2° D'amarrer les bateaux. trains de bois ou radeaux de manière à gêner la navigation ou la circulation sur les chemins de halage ;

3° D'attacher aucun cordage aux arbres plantés sur les banquettes ou francs-bords, aux bornes kilométriques, aux poteaux indicateurs, aux poteaux des lignes électriques, aux clôtures, aux lisses établies le long de la voie navigable ;

4° De prendre appui sur les berges, talus, plates-formes, digues et ouvrages d'art quelconques des voies navigables au moyen d'engins susceptibles de les endommager ;

5° De placer, même dans les lieux de garage, des bateaux, trains de bois ou radeaux devant les points affectés aux passages d'eau et devant les abreuvoirs publics ;

6° De tendre aucun cordage en travers de la voie navigable ou des arches de pont, d'en attacher aucun aux fermes des ponts en bois ou en métal ;

7° D'arracher ou d'embarrasser les organeaux et les pieux d'amarre, de battre des piquets d'amarre sur les chemins de halage ;

8° De laisser passer en dehors des bateaux, trains de bois ou radeaux, les bâtons, perches, plats-bords ou autres objets qui pourraient atteindre les embarcations ;

9° De faire usage sans nécessité des signaux destinés à protéger la circulation ;

10° De détacher les bateaux, batelets, trains de bois ou radeaux sans le consentement des propriétaires ou conducteurs, si ce n'est à la réquisition des agents de la navigation.

Réparations des avaries.

ART. 61. — Toutes avaries faites aux ouvrages d'art. toutes dégradations causées aux digues et talus sont réparées aux frais de l'auteur desdites avaries ou dégradations, sans préjudice des peines encourues.

Circulation sur les digues et chemins de halage.

ART. 62. — Nul ne peut circuler soit à cheval, soit en voiture, sur les digues et chemins de halage des canaux et des dérivations, non plus que sur les chemins de halage construits par l'État, le long des rivières navigables, sans une autorisation écrite de l'Ingénieur en chef.

Toutefois, lorsque cette circulation est de nature à présenter un caractère onéreux pour la voie navigable, soit en raison de sa durée, soit à cause des détériorations ou de la gêne qui pourront en être la conséquence, l'autorisation est accordée par le préfet à titre précaire et révocable et sous les conditions fixées dans l'arrêté à intervenir.

Les employés des contributions indirectes et des douanes et les gendarmes dans l'exercice de leurs fonctions sont dispensés d'autorisation.

ART. 63. — La circulation des vélocipèdes est interdite en principe sur les digues et chemins de halage des canaux.

Circulation des vélocipèdes.

Toutefois, il peut être dérogé à cette règle par des arrêtés préfectoraux pris sur la proposition des Ingénieurs en chef de la navigation pour certains chemins ou sections de chemins de halage.

En dehors des chemins ou sections de chemins ainsi délimités, des autorisations *individuelles non permanentes* peuvent être délivrées par les Ingénieurs en chef.

ART. 64. — Ne peuvent être établis qu'en vertu d'une autorisation toujours révocable de l'Administration et sous les conditions qu'elle aura déterminées :

Occupation du domaine public

1° Les accès ou sorties sur les digues ou francs-bords des canaux, des rigoles, dérivations, réservoirs et sur les chemins de halage construits par l'État, le long des rivières navigables ;

2° Les lavoirs et abreuvoirs ;

3° Les prises d'eau ;

4° Les égouts ;

5° Les ports privés ;

6° Les pontons et appareils de levage pour l'embarquement et le débarquement des voyageurs et des mar chandises ;

7° Et tous autres ouvrages qui s'étendraient sur le domaine public.

TITRE X
Dispositions générales.

Mesures à prendre
en cas
de contraventions
commises
par les mariniers.

ART. 65. — Lorsqu'un marinier commet une contravention aux règlements sur la grande voirie ou sur la police de la navigation, son bateau est provisoirement retenu.

L'agent verbalisateur arbitre provisoirement le montant de l'amende, les frais du procès-verbal et, s'il y a lieu, le coût des réparations ; il en prescrit la consignation immédiate à la caisse du percepteur, à moins que le batelier ne présente à ce comptable une caution solvable.

S'il n'existe pas de percepteur dans la commune, le contrevenant a la faculté de verser la somme à consigner entre les mains de l'agent verbalisateur ; ce dernier doit alors en donner reçu et en verser le montant à la caisse du percepteur dans un délai de trois jours.

Le contrevenant est tenu d'élire domicile dans le département du lieu où la contravention a été constatée ; à défaut par lui d'élection de domicile, toute notification lui est valablement faite au secrétariat de la commune où la contravention a été constatée.

Exécution d'office
et caution.

ART. 66. — Lorsqu'une exécution d'office a eu lieu, l'état des frais, vérifié et arrêté par les ingénieurs, est

transmis au préfet, qui délivre exécutoire du remboursement contre les contrevenants.

Les marchandises et les bateaux peuvent d'ailleurs
être retenus jusqu'à présentation d'une caution solvable
chargée d'effectuer ledit remboursement.

Art. 67. — Le Ministre des travaux publics est chargé
de l'exécution du présent décret.

---

5 mai 1902.

INSTRUCTION DE L'INGÉNIEUR EN CHEF
POUR LE STATIONNEMENT DES BATEAUX EN VOIE COURANTE

L'article 38 du décret du 8 octobre 1901 laisse aux
ingénieurs le soin de fixer les conditions du stationnement des bateaux, en dehors des passages rétrécis où
ce stationnement est interdit par ledit décret. D'après
l'expérience acquise, les habitudes de la batellerie et
les besoins du service, les conducteurs subdivisionnaires
se conformeront, *sauf raison majeure dont il y aurait
lieu de justifier chaque fois à l'ingénieur d'arrondissement,* aux dispositions ci-après :

1° On évitera autant que possible de laisser stationner
les bateaux en voie courante, et l'on recherchera toujours s'il n'y a pas un port public, un garage ou un mur
de quai disponible (côté du contre-halage), à moins de
500 mètres, auquel cas on enjoindra au marinier d'aller

stationner dans la section élargie la plus voisine. On appliquera la même mesure aux bateaux chargés qui, pour une cause quelconque, attendent ou retardent leur tour de déchargement.

Il reste entendu qu'en cas d'encombrement de la voie, le conducteur pourra envoyer les bateaux stationner à des distances supérieures à 500 mètres.

2° Les bateaux qui stationneront en voie courante devront se placer sur un seul rang du côté opposé au halage habituel, et ne devront jamais être groupés au nombre de plus de deux bateaux placés bout à bout.

Il sera réservé entre les groupes successifs un intervalle d'au moins 100 mètres. Toutefois, cette prescription ne sera pas applicable dans les sections pourvues d'un mur de quai ou d'un garage du côté opposé au halage et libre de tout bateau, ni dans les sections où le canal présente une largeur suffisante pour le passage de trois bateaux chargés. Elle cessera également d'être appliquée pendant les périodes de chômage de la navigation.

3° On ne laissera pas stationner les bateaux dans les biefs en rivière pendant les crues et les périodes de glaces, afin d'éviter les échouages que pourrait causer l'abaissement du plan d'eau par suite des manœuvres de barrages.

4° Tout stationnement est interdit :

a) Dans les tranchées aux abords du souterrain de Mauvages, pour les bateaux qui ne doivent pas faire partie du plus prochain convoi de touage ;

b) En dehors de ces tranchées dans le bief de partage, ainsi que dans le bief n° 2 du versant de la Marne et dans le bief n° 23 du versant de la Meurthe du canal de la Marne au Rhin, pour tous bateaux qui n'y effectuent aucune opération d'embarquement ni de débarquement, et pour tous autres bateaux en dehors du temps stricte- ment nécessaire à leur chargement ou déchargement.

Le stationnement est également interdit dans les biefs nos 2, 3, 4, 5, 6, 7 et 10 du versant Meurthe de l'em- branchement de Nancy du canal de l'Est.

5° On veillera à la stricte observation des prescrip- tions de l'article 45 du décret du 8 octobre 1901 con- cernant l'amarrage et le gardiennage des bateaux en station.

14 août 1902.

CIRCULAIRE DU MINISTRE DES TRAVAUX PUBLICS

(Application de l'article 6 du règlement général.)

Aux termes de l'article 6 du décret du 8 octobre 1901 portant règlement général de police pour les voies de na- vigation intérieure, le Ministre des travaux publics doit désigner les agents de la navigation chargés de vérifier l'état de navigabilité des bateaux et de retenir ceux qui ne satisferont pas aux conditions exigées par le règlement.

J'ai décidé, Monsieur le Préfet, que le droit de véri- fication et de rétention ainsi prévu par le décret du 8 octobre 1901 sera exercé par tous les conducteurs subdivisionnaires chargés d'un service d'entretien de la voie navigable.

1ᵉʳ septembre 1902.

ARRÊTÉ DU PRÉFET DE LA MARNE

RÈGLEMENT PARTICULIER DE POLICE

Rappel des articles
du décret
du 8 octobre 1901.

ARTICLE PREMIER. — La police de la navigation sur le canal de la Marne au Rhin, dans la traversée du département de la Marne, est régie par les dispositions du décret du 8 octobre 1901, ainsi que par le présent arrêté préfectoral, portant règlement particulier pour l'exécution dudit décret.

TITRE PREMIER
Conditions à remplir pour naviguer.

Dimensions
des bateaux,
trains de bois
ou radeaux.
(Art. 2 du décret
du 8 octobre 1901.)

ART. 2. — Aucun bateau, train de bois ou radeau circulant sur le canal de la Marne au Rhin ne doit excéder, chargement compris, et sans aucune tolérance, les dimensions suivantes :

DÉSIGNATION.	LONGUEUR de bout en bout non compris le gouvernail.	LARGEUR de dehors en dehors (toutes saillies comprises).	ENFONCEMENT ou tirant d'eau.	HAUTEUR au-dessus du plan de flottaison ou tirant d'air.	MINIMUM DE HAUTEUR du bord au-dessus du plan de flottaison non compris les bortingles		HAUTEUR des mâts au-dessus du plan de flottaison à vide.
					pour les chargements ordinaires.	pour les bateaux chargés en comble.	
Bateaux . . .	38ᵐ,50	5ᵐ,00	1ᵐ,80	3ᵐ,50	0ᵐ,10	0ᵐ,30	11ᵐ,00
Trains de bois.	38ᵐ,30	4ᵐ,80	1ᵐ,60	3ᵐ,50	0ᵐ,10	0ᵐ,20	»

ART. 3. — Aucun moyen de traction particulier n'est imposé sur les voies faisant l'objet du présent règlement.

Halage des bateaux. (Art. 8 du décret.)

ART. 4. — La marche en convoi est interdite. L'accouplement des bateaux est interdit.

Marche en convoi et accouplement des bateaux. (Art. 9 du décret.)

TITRE II

Classement des bateaux. — Trématage en route et priorité de passage aux écluses et ponts mobiles.

ART. 5. — La vitesse maxima de marche des bateaux à vapeur ne devra pas dépasser six kilomètres à l'heure.

Bateaux à vapeur. Vitesse de marche. (Art. 11 du décret.)

ART. 6. — Aucune restriction n'est apportée, sur les voies soumises au présent règlement, au droit de trématage en route, tel qu'il est réglé par l'article 16 du décret du 8 octobre 1901.

Droit de trématage en route. Restrictions. (Art. 16 du décret.)

ART. 7. — Le droit de priorité de passage aux écluses et ponts mobiles est exclusivement réglé par l'article 17 du décret du 8 octobre 1901.

Droit de priorité de passage aux écluses et aux ponts mobiles. (Art. 17 du décret.)

ART. 8. — Il n'est apporté aucune restriction aux différents modes de navigation.

Restrictions à certains modes de navigation. (Art. 20 du décret.)

TITRE III

Bateaux, trains de bois ou radeaux en marche.

ART. 9. — Aucune dérogation n'est apportée aux dispositions de l'article 22 du décret du 8 octobre 1901.

Interruption de navigation. (Art. 22 du décret.)

4

Trématage en route.
(Art. 24 du décret.)

ART. 10. — Aucune condition spéciale n'est prescrite pour le trématage en route des bateaux naviguant à la voile.

Marche simultanée.
(Art. 25 du décret.)

ART. 11. — Aucune dérogation n'est apportée aux dispositions de l'article 25 du décret du 8 octobre 1901.

Virages, formation et échange des convois.
(Art. 26 du décret.)

ART. 12. — Néant.

TITRE IV

Passage aux ouvrages de navigation.

Traversée des passages rétrécis et des souterrains.
(Art. 37 du décret.)

ART. 13. — Néant.

TITRE V

Stationnement des bateaux.
Mesures d'ordre dans les ports et dans les garages.

Chargement, déchargement et dépôt des marchandises.
(Art. 39 du décret.)

ART. 14. — Aucune dérogation n'est apportée aux dispositions de l'article 39 du décret du 8 octobre 1901.

Les autorisations prescrites par le décret du 31 juillet 1875 sur le transport des matières dangereuses seront données par le conducteur subdivisionnaire.

ART. 15. — L'arrêté du 15 février 1884 et les arrêtés modificatifs subséquents sont rapportés.

6 septembre 1902.

ARRÊTÉ DU PRÉFET DE MEURTHE-ET-MOSELLE

RÈGLEMENT PARTICULIER DE POLICE

ARTICLE PREMIER. — La police de la navigation sur le canal de la Marne au Rhin, le canal de l'Est (branche sud) et l'embranchement de Nancy du même canal, la rivière de Moselle (2ᵉ section) est régie, dans la traversée du département de Meurthe-et-Moselle, par les dispositions du décret du 8 octobre 1901, ainsi que par le présent arrêté préfectoral, portant règlement particulier pour l'exécution dudit décret.

Rappel des articles du décret du 8 octobre 1901.

TITRE PREMIER

Conditions à remplir pour naviguer.

ART. 2. — Aucun bateau, train de bois ou radeau circulant sur les voies précitées ne doit excéder, chargement compris, et sans aucune tolérance, les dimensions suivantes.

Dimensions des bateaux, trains de bois ou radeaux. (Art. 2 du décret du 8 octobre 1901.)

TABLEAU.

DÉSIGNATION.	LONGUEUR de bout en bout non compris le gouvernail.	LARGEUR de dehors en dehors (toutes saillies comprises).	ENFONCEMENT ou tirant d'eau.	HAUTEUR au-dessus du plan de flottaison ou tirant d'air.	MINIMUM DE HAUTEUR du bord au-dessus du plan de flottaison non compris les bortingles		HAUTEUR DES MATS au-dessus du plan de flottaison à vide.
					pour les chargements ordinaires.	pour les bateaux chargés en comble.	
Bateaux . . .	38m,50[1]	5m,00	1m,80	3m,50	0m,10 sur les canaux. 0m,15 sur les sections canalisées de la Moselle.	0m,30	14m,00
Trains de bois.	38m,30[1]	4m,80	1m,60	3m,50	0m,10	0m,20	»

1. Longueur réduite à 34m,50 pour les bateaux et à 33m,50 pour les trains de bois qui ont à franchir les écluses de Pagny-sur-Moselle et d'Arnaville sur la rivière de Moselle (2e section), écluses dont l'allongement a été ajourné.

Halage des bateaux.
(Art. 8 du décret.)

ART. 3. — Aucun moyen de traction particulier n'est imposé sur les voies faisant l'objet du présent règlement.

Marche en convoi et accouplement des bateaux.
(Art. 9 du décret.)

ART. 4. — La marche en convoi est interdite.
L'accouplement des bateaux est interdit.

TITRE II

Classement des bateaux. — Trématage en route et priorité de passage aux écluses et ponts mobiles.

Bateaux à vapeur. Vitesse de marche.
(Art. 11 du décret.)

ART. 5. — La vitesse maxima de marche des bateaux à vapeur ne devra pas dépasser dix kilomètres à l'heure en lit de rivière dans les sections canalisées de la Moselle, et six kilomètres à l'heure dans les dérivations et les canaux.

ART. 6. — Aucune restriction n'est apportée, sur les voies soumises au présent règlement, au droit de trématage en route, tel qu'il est réglé par l'article 16 du décret du 8 octobre 1901.

Droit de trématage en route. Restrictions. (Art. 16 du décret.)

ART. 7. — Le droit de priorité de passage aux écluses et ponts mobiles est exclusivement réglé par l'article 17 du décret du 8 octobre 1901.

Droit de priorité de passage aux écluses et aux ponts mobiles. (Art. 17 du décret.)

ART. 8. — La descente au fil de l'eau des bateaux, trains de bois ou radeaux est interdite d'une façon absolue sur les sections canalisées de la Moselle.

Restrictions à certains modes de navigation. (Art. 20 du décret.)

TITRE III
Bateaux, trains de bois ou radeaux en marche.

ART. 9. — Aucune dérogation n'est apportée aux dispositions de l'article 22 du décret du 8 octobre 1901.

Interruptions de la navigation. (Art. 22 du décret.)

ART. 10. — Aucune condition spéciale n'est prescrite pour le trématage en route des bateaux naviguant à la voile.

Trématage en route. (Art. 24 du décret.)

ART. 11. — Aucune dérogation n'est apportée aux dispositions de l'article 25 du décret du 8 octobre 1901.

Marche simultanée. (Art. 25 du décret.)

ART. 12. — Néant.

Virages, formation et échange des convois. (Art. 26 du décret.)

TITRE IV
Passage aux ouvrages de navigation.

ART. 13. — *Passages rétrécis.* — Les attelages de traction des bateaux devront être dédoublés pour franchir les ponts-canaux, ainsi que les tranchées ou

Traversée des passages rétrécis et des souterrains. (Art. 37 du décret.)

passages rétrécis de grande longueur mentionnés ci-
après :

A. *Canal de la Marne au Rhin.* — Souterrain de
Foug et tranchée (côté Marne) dudit souterrain ; Pont
de Fresnes et abords, dans le bief de Liverdun ; Pont
de Vau de M'Selle et abords, dans le même bief ; Souterrain de Liverdun et tranchée (côté Rhin) dudit souterrain.

B. *Canal de l'Est, embranchement de Nancy.* — Tranchée du Mauvais-Lieu, dans toute l'étendue des revête-
ments maçonnés.

*Dispositions spéciales aux souterrains de Foug et de
Liverdun.* — La traction des bateaux autres que les
bateaux de la 1re classe s'opérera au moyen du halage
à bras ou par chevaux.

Le passage des souterrains aura lieu de deux heures
en deux heures, savoir :

De la Marne vers le Rhin :	De minuit à 2 heures du matin ;
	De 4 heures à 6 heures du matin ;
	De 8 heures à 10 heures du matin ;
	De midi à 2 heures du soir ;
	De 4 heures à 6 heures du soir ;
	De 8 heures à 10 heures du soir.
Du Rhin vers la Marne :	De 2 heures à 4 heures du matin ;
	De 6 heures à 8 heures du matin ;
	De 10 heures du matin à midi ;
	De 2 heures à 4 heures du soir ;
	De 6 heures à 8 heures du soir ;
	De 10 heures du soir à minuit.

Les passages n'auront lieu à des heures différentes de celles indiquées ci-dessus que sur l'autorisation du garde local, quand il aura été reconnu qu'aucune rencontre n'est à craindre dans l'étendue des souterrains.

Les bateaux et radeaux attendant l'heure du plus prochain passage stationneront en dehors des souterrains, rangés tout contre la digue opposée au halage, dans l'ordre même où le droit de trématage doit s'exercer entre eux, à raison de leurs classes, séparés enfin l'un de l'autre par un intervalle de 10 mètres au plus.

Tout bateau, train de bois ou radeau qui s'engage dans le souterrain doit être muni de moyens de traction ou de propulsion suffisants pour qu'il puisse opérer la traversée dans les limites de la durée réglementaire.

Si, par suite de dérogation aux prescriptions précédentes ou de circonstances de force majeure, deux bateaux viennent à se rencontrer dans le souterrain, ils devront provoquer l'intervention de l'agent de la navigation le plus voisin. Celui-ci décidera lequel des deux bateaux doit reculer et dressera procès-verbal des contraventions qui auront pu être commises.

Dispositions communes aux deux souterrains. — Les heures réglementaires sont celles du méridien de Paris.

Il est interdit à tous bateaux ou radeaux ne devant pas faire partie du plus prochain convoi ou flottille, de stationner dans les tranchées ou aux abords des souterrains entre les limites qui seront d'ailleurs marquées par des poteaux.

Pendant la traversée des souterrains, il devra y avoir constamment un marinier à la barre du gouvernail de chaque bateau. Chaque bateau devra être monté par deux mariniers au moins, l'un à l'avant, l'autre à l'arrière.

Chaque bateau devra être garni, sur chacun de ses deux flancs, de deux tampons en liège, ou en corde de $0^m,20$ au moins de diamètre, suspendus l'un à l'avant, l'autre à l'arrière, de manière à préserver de tout choc le piédroit de la voûte du souterrain, le couronnement de la banquette et surtout le garde-corps en fer qui le surmonte.

La corde de halage, quand on emploiera ce mode de traction, devra être attachée assez haut pour ne pas frotter sur le garde-corps.

Tout bateau ou radeau sera éclairé par un fanal fixé à l'avant.

En outre, le charretier ou l'un des haleurs, en cas d'emploi du halage à bras, sera muni d'un falot portatif.

Il est défendu de s'arrêter dans les souterrains sous quelque prétexte que ce soit.

Pendant toute la durée du trajet dans les souterrains, on ne pourra brûler de la houille dans les bateaux ni sur les radeaux.

TITRE V

Stationnement des bateaux.
Mesures d'ordre dans les ports et dans les garages.

Chargement, déchargement et dépôt des marchandises. (Art. 39 du décret.)

Art. 14. — Aucune dérogation n'est apportée aux dispositions de l'article 39 du décret du 8 octobre 1901. Les autorisations prescrites par le décret du 31 juillet 1875 sur le transport des matières dangereuses seront données par le conducteur subdivisionnaire.

ART. 15. — L'arrêté du 15 février 1884 et les arrêtés modificatifs subséquents sont rapportés.

---

17 septembre 1902.

ARRÊTÉ DU PRÉFET DE LA MEUSE

RÈGLEMENT PARTICULIER DE POLICE

ARTICLE PREMIER. — La police de la navigation sur le canal de la Marne au Rhin, dans la traversée du département de la Meuse, est régie par les dispositions du décret du 8 octobre 1901, ainsi que par le présent arrêté préfectoral, portant règlement particulier pour l'exécution dudit décret.

Rappel des articles du décret du 8 octobre 1901.

TITRE PREMIER

Conditions à remplir pour naviguer.

ART. 2. — Aucun bateau, train de bois ou radeau circulant sur le canal de la Marne au Rhin ne doit excéder, chargement compris, et sans aucune tolérance, les dimensions suivantes.

Dimensions des bateaux, trains de bois ou radeaux. (Art. 2 du décret du 8 octobre 1901.)

TABLEAU.

DÉSIGNATION.	LONGUEUR de bout en bout non compris le gouvernail.	LARGEUR de dehors en dehors (toutes saillies comprises).	ENFONCEMENT ou tirant d'eau.	HAUTEUR au-dessus du plan de flottaison ou tirant d'air.	MINIMUM DE HAUTEUR du bord au-dessus du plan de flottaison non compris les bortingles		HAUTEUR des mâts au-dessus du plan de flottaison à vide.
					pour les chargements ordinaires.	pour les bateaux chargés en comble.	
Bateaux . . .	38m,50	5m,00	1m,80	3m,50	0m,10	0m,30	14m,00
Trains de bois.	38m,30	4m,80	1m,60	3m,50	0m,10	0m,20	»

Halage
des bateaux.
(Art. 8 du décret.)

ART. 3. — Aucun moyen de traction particulier n'est imposé sur les voies faisant l'objet du présent règlement, en dehors des dispositions spéciales au passage du souterrain de Mauvages qui sont décrites ci-après à l'article 13.

Marche en convoi
et accouplement
des bateaux.
(Art. 9 du décret.)

ART. 4. — La marche en convoi est interdite.
L'accouplement des bateaux est interdit.

TITRE II

Classement des bateaux. — Trématage en route et priorité de passage aux écluses et ponts mobiles.

Bateaux à vapeur.
Vitesse de marche.
(Art. 11 du décret.)

ART. 5. — La vitesse maxima de marche des bateaux à vapeur ne devra pas dépasser six kilomètres à l'heure.

Droit de trématage
en route.
Restrictions.
(Art. 16 du décret.)

ART. 6. — Aucune restriction n'est apportée, sur les voies soumises au présent règlement, au droit de trématage en route, tel qu'il est réglé par l'article 16 du décret du 8 octobre 1901.

Art. 7. — Le droit de priorité de passage aux écluses et ponts mobiles est exclusivement réglé par l'article 17 du décret du 8 octobre 1901.

Droit de priorité de passage aux écluses et aux ponts mobiles. (Art. 17 du décret.)

Art. 8. — Il n'est apporté aucune restriction aux différents modes de navigation.

Restrictions à certains modes de navigation. (Art. 20 du décret.)

TITRE III

Bateaux, trains de bois ou radeaux en marche.

Art. 9. — Aucune dérogation n'est apportée aux dispositions de l'article 22 du décret du 8 octobre 1901.

Interruptions de la navigation. (Art. 22 du décret.)

Art. 10. — Aucune modification n'est prescrite pour le trématage en route des bateaux naviguant à la voile.

Trématage en route. (Art. 24 du décret.)

Art. 11. — Aucune dérogation n'est apportée aux dispositions de l'article 25 du décret du 8 octobre 1901.

Marche simultanée. (Art. 25 du décret.)

Art. 12. — Néant.

Virages, formation et échange des convois. (Art. 26 du décret.)

TITRE IV

Passage aux ouvrages de navigation.

Art. 13. — *Dispositions spéciales au souterrain de Mauvages.* — L'usage du touage à vapeur dans le bief et le souterrain de Mauvages est obligatoire pour tous les bateaux et les flottes qui auront à franchir ce bief.

Les bateaux à vapeur sont seuls autorisés à le parcourir sans le secours du toueur, à charge par eux de se soumettre aux conditions prescrites par leurs arrêtés particuliers d'autorisation et par le présent règlement.

Traversée des passages rétrécis et des souterrains. (Art. 37 du décret.)

Tout conducteur de bateaux chargés, trains ou radeaux remorqués par le toueur, doit être muni d'un laissez-passer délivré par les éclusiers préposés à cet effet à chacune des extrémités du bief de Mauvages et constatant qu'il a payé le droit établi par le décret du 21 juin 1878 pour l'usage du touage.

Ce laissez-passer doit être présenté à toute réquisition des agents de l'Administration.

La marche du toueur est fixée comme il suit :

Chaque jour le toueur effectuera un trajet unique dans chacune des directions de la Marne vers le Rhin et du Rhin vers la Marne.

La durée de ce trajet sera de 6 heures dans chaque sens.

Les départs et arrivées auront lieu aux heures ci-après déterminées :

Départ de Demange-aux-Eaux à 7 heures du matin ;
Arrivée à Mauvages à 1 heure du soir.
Départ de Mauvages à 2 heures du soir ;
Arrivée à Demange-aux-Eaux à 8 heures du soir.

Les mariniers devront se conformer aux indications qui leur seront données par les agents de la navigation pour tout ce qui concerne la formation et l'amarrage des trains.

Les radeaux et bateaux vides seront attelés à la queue du convoi, nonobstant la priorité qui pourrait résulter pour eux de leur ordre d'arrivée au lieu de la formation des trains.

Les bateaux à vapeur marchant isolément pourront traverser le souterrain pendant la nuit :

Dans la direction de la Marne vers le Rhin, de 10 heures du soir à 2 heures du matin ;

Dans celle du Rhin vers la Marne, de 2 heures du matin à 6 heures du matin.

Dans le jour, ils devront suivre ou précéder le toueur à une heure d'intervalle.

Leur vitesse n'excédera pas 1 500 mètres par heure dans le souterrain et dans les tranchées de tête.

Les heures réglementaires sont celles du méridien de Paris.

Il est interdit à tous bateaux ou radeaux ne devant pas faire partie du prochain convoi ou flottille, de stationner dans les tranchées ou aux abords du souterrain entre les limites qui seront d'ailleurs marquées par des poteaux.

Pendant la traversée du souterrain, il devra y avoir constamment un marinier à la barre du gouvernail de chaque bateau. Chaque bateau devra être monté par deux mariniers au moins, l'un à l'avant, l'autre à l'arrière.

Chaque bateau devra être garni, sur chacun de ses deux flancs, de deux tampons en liège ou en corde de $0^m,20$ au moins de diamètre, suspendus l'un à l'avant, l'autre à l'arrière, de manière à préserver de tout choc le piédroit de la voûte du souterrain, le couronnement de la banquette, et surtout le garde-corps en fer qui le surmonte.

Tout bateau ou radeau sera éclairé par un fanal fixe à l'avant.

Pendant toute la durée du trajet dans le souterrain, on ne pourra brûler de la houille dans les bateaux ni sur les radeaux.

TITRE V

Stationnement des bateaux.
Mesures d'ordre dans les ports et dans les garages.

Chargement, déchargement et dépôt des marchandises. (Art. 39 du décret.)

Art. 14. — Aucune dérogation n'est apportée aux dispositions de l'article 39 du décret du 8 octobre 1901.

Les autorisations prescrites par le décret du 31 juillet 1875 sur le transport des matières dangereuses seront données par le conducteur subdivisionnaire.

Art. 15. — L'arrêté du 15 février 1884 et les arrêtés modificatifs subséquents sont rapportés.

10 novembre 1902.

INSTRUCTIONS DE L'INGÉNIEUR EN CHEF
(Application de l'article 6 du décret du 8 octobre 1901.)

La circulaire ministérielle du 14 août 1902 attribue à tous les conducteurs subdivisionnaires, chargés de l'entretien des voies navigables, le droit de vérification et de rétention des bateaux prévu par l'article 6 du décret du 8 octobre 1901.

Dans le service du canal de la Marne au Rhin, ce droit s'exercera conformément aux dispositions suivantes :

§ 1er. — Lorsqu'il aura été constaté qu'un bateau ne satisfait pas aux conditions de navigabilité réglementaires ou qu'il a subi quelque avarie en cours de route, le conducteur subdivisionnaire, sans retenir le bateau simplement suspect, examinera tout d'abord s'il n'est pas possible au marinier de gagner avec sécurité, moyennant des précautions élémentaires, soit son lieu de destination, soit un chantier de réparation, soit tout au moins un port ou garage voisin et non encombré. Il rendra compte aussitôt du résultat de cet examen à l'ingénieur d'arrondissement, ainsi que des ordres corrélatifs donnés au marinier, et signalera le bateau directement à ses collègues s'il a besoin d'une surveillance spéciale dans le reste du parcours.

L'ingénieur prescrira l'arrêt du bateau, s'il juge cette mesure indispensable.

§ 2. — En cas d'avaries graves, et toutes les fois qu'un bateau paraîtra présenter un réel danger pour la navigation, le conducteur subdivisionnaire l'arrêtera dans sa marche, lui assignera un lieu de stationnement et en avisera immédiatement par la voie télégraphique ou téléphonique l'ingénieur d'arrondissement, auquel il adressera le même jour, par note spéciale, tous renseignements utiles sur les nom et domicile du patron, le lieu où est provisoirement garé le bateau, etc.

§ 3. — L'ingénieur procédera dans le plus bref délai à la visite du bateau arrêté, en présence du patron ou de son représentant, le patron ayant été dûment convoqué. En cas d'absence ou d'empêchement de l'ingénieur, cette visite sera effectuée *par l'agent-jaugeur le plus proche.* Après examen minutieux du bateau par l'ingénieur ou l'agent-jaugeur délégué, l'ingénieur prescrira les réparations nécessaires pour que le bateau puisse être remis en marche ou prendra, le cas échéant, les mesures qui permettront de le faire retirer de la voie navigable.

Observations générales. — Le conducteur subdivisionnaire, en vérifiant les conditions de navigabilité, s'abstiendra de considérer comme absolument rigoureuses certaines dimensions fixées par le règlement particulier de police. Il se peut, par exemple, que la largeur d'un bateau, primitivement de 5 mètres, soit passée à $5^m,05$ par suite de déformations progressives et nullement périlleuses ; en général, on pourra tolérer jusqu'à $5^m,10$. Il en sera de même pour la longueur du bateau, son tirant d'air et la hauteur du mât, où quelques centimètres en plus peuvent être admis sans inconvénient.

On se montrera plus strict pour l'enfoncement : tout bateau tirant plus de $1^m,83$ devra être allégé ; de même, le minimum de $0^m,10$ entre le point le plus bas du bord et la ligne de flottaison, quand il n'y a pas de bortingles, devra être constamment exigé (la présence de bortingles en bon état pourra donner lieu à quelque tolérance).

Nancy, impr. Berger-Levrault et Cie.

www.ingramcontent.com/pod-product-compliance
Lightning Source LLC
Chambersburg PA
CBHW070939280326
41934CB00009B/1938